AVÉNEMENT

D'UN

NOUVEAU DROIT PUBLIC

EUROPÉEN

Établissant enfin l'ordre dicté par la justice providentielle

OU

POURQUOI UN CONGRÈS

HUMBLE ADRESSE AUX MONARQUES

DE FRANCE, D'ANGLETERRE, DE RUSSIE ET DE PRUSSE.

1815 ne fut qu'une réaction aveugle, funeste à tous, rendant toute sécurité impossible avec le progrès des lumières.

Le droit public du XIXᵉ siècle reste à formuler. Quel est ce droit en principe et que doit-il être en action ?

Gouverner, c'est faire régner la justice.
(FÉNÉLON.)

Pour être libre, il faut savoir être juste.
(SIEYÈS.)

Cherchez premièrement le royaume de Dieu et sa justice, et *tout le reste* vous sera donné par surcroît. (*Evangile selon* S. LUC, Ch. 12.)

Prix : 50 centimes.

PARIS

LIBRAIRIE DE LA VIE MORALE

5, RUE DE LA BANQUE

1859

Les lois sont les rapports nécessaires qui résultent de la nature des choses.
(Cicéron et Montesquieu.)

Aidons la nature à se développer divinement dans le peuple.
(Pierre-le-Grand.)

Je ne puis rester les bras croisés devant l'innocence opprimée.
(Le Grand Frédéric.)

Il faut vouloir être le père et non le maître. Il ne faut pas que tous soient à un seul, mais un seul à tous pour assurer le bonheur de tous. (Fénélon.)

L'or n'édifie pas l'Eglise, il la détruit. (Le Pape Clément XIV.)

Où il n'y a pas de justice, je ne vois qu'un repaire et non une patrie.
(Lemontey.)

Tout ce que les hommes ajoutent à la Religion est leur ouvrage et doit périr avec eux. (Le Grand Frédéric.)

Jésus-Christ ouvrait les yeux au peuple pour lui faire connaître la vérité.
(Tertullien.)

La classe des *travaillants* est la dernière dans le vocabulaire insensé de l'orgueil; elle est la première aux yeux de la saine politique. (Bentham.)

Avant d'atteindre l'unité des peuples, la démocratie naturelle, il faudra traverser la décomposition sociale, temps d'anarchie, de sang, peut-être, d'infirmités certainement. Cette décomposition est commencée : elle n'est pas prête à reproduire de ses germes non encore assez fermentés, le monde nouveau. (Chateaubriand.)

On ne fonde rien par la force... Tant qu'on se battra en Europe, ce sera une guerre civile... L'Europe attend, sollicite la fondation d'une nouvelle société (politique). Le vieux système est à bout ; le nouveau n'est pas assis et ne le sera pas sans de longues et furieuses convulsions encore.

Il y a des lois morales aussi inflexibles et aussi impérieuses que les lois physiques.

Diviser les intérêts d'une nation, c'est les desservir tous, c'est engendrer la guerre civile. On ne divise pas ce qui, par sa nature, est indivisible, on le mutile. (Napoléon Ier.)

La civilisation est d'une part la production croissante des moyens de force et de bien-être dans la société, et de l'autre une distribution de plus en plus équitable de la force et du bien-être produits.

(*Histoire de la Civilisation.*)

Dieu, l'immortalité de l'âme et l'amour du prochain ! voilà notre devise... De même qu'il y a un droit naturel qui est la source de toutes les lois positives, de même il y a une religion universelle qui renferme toutes les religions particulières du globe. C'est cette religion universelle que nous professons ; et, par conséquent, nous accueillons tous ceux qui professent une religion particulière s'y rattachant. C'est cette religion universelle que le gouvernement professe quand il proclame la liberté des cultes. Dire que nous sommes sans religion parce que nous en professons une qui les embrasse toutes, ce serait dire que tel homme nie la loi parce qu'il reconnaît un droit naturel suprême immuable d'où émanent les législations de tous les temps et de tous les lieux. (S. A. R. le prince Lucien Murat parlant comme Grand-Maître de l'Ordre maçonnique, en 1854.)

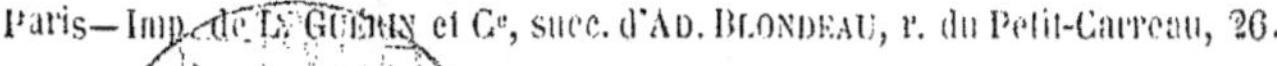

Paris—Imp. de Le Guérin et Ce, succ. d'Ad. Blondeau, r. du Petit-Carreau, 26.

AUX MONARQUES

DE FRANCE, D'ANGLETERRE, DE RUSSIE ET DE PRUSSE.

Souverains et Souveraine,

Une inquiétude vague et profonde trouble l'Europe plus encore depuis l'annonce de la paix, de la paix si désirée cependant de tous comme la première nécessité de progrès et de bien-être. La cause de cette anxiété n'est-elle pas visible, ne se trouve-t-elle pas frappante dans les mille manifestations contradictoires qui attestent l'absence d'une base morale indéniable pour l'ordre européen ?

Dans cette crise solennelle que traverse l'Europe, le silence ne serait-il pas un délit, en présence de la coalition des intérêts cléricaux, financiers et dynastiques les plus égarés, lorsque cette coalition se propose d'exercer d'incessantes pressions sur l'esprit des monarques dont les nobles initiatives ont pour objet de faire triompher l'ordre tracé par Dieu même dans les lois d'invariable harmonie qui régissent la création entière ?

Les monarques de l'Europe, disent-ils avec les écoles anti-théistes, que l'homme est le roi de la création et qu'il n'y a rien au-dessus de lui ; ou croient-ils à un Dieu ordonnateur de l'univers et à un ordre universel ou providentiel, assignant à chaque être une fonction obligatoire ; croient-ils enfin qu'en dehors des lois de cet ordre, la liberté et la raison humaines ne peuvent que le mal ; en un mot, les monarques de l'Europe sont-ils sincèrement chrétiens dans le sens évangélique, dans le sens le plus vrai du mot ?

Si la première supposition sus-énoncée n'était pas une injure gratuite envers les grands monarques de l'Europe, le droit du plus fourbe et du plus fort serait la loi du monde contemporain :

mais alors les pouvoirs n'auraient qu'un masque de religion, ils n'auraient aucun droit de répression contre les révoltes de tous genres.

Si, comme nous n'en devons pas douter, les monarques croient à la religion universelle qui établit le lien entre tous les humains et l'auteur de la nature, s'ils sont vrais chrétiens, les lois de l'ordre universel ou divin ne peuvent être méconnues volontairement par eux : hors d'elles, pourraient-ils avoir d'ailleurs aucun pouvoir moral ?

Oui, il y a un ordre universel et providentiel de solidarité, de justice ou d'harmonie, ordre immuable et éternel, ralliant la variété infinie dans l'unité absolue, et réalisant dans tout l'univers les conditions de la vie pour l'épanouissement de tous les êtres préconçus dans le plan de cet ordre.

La vie peut-elle être épanouie en dehors des lois ou des conditions exigées par le même ordre, pour le développement de chaque existence ?

Si elle ne le peut, cet ordre n'est-il pas, dès lors, l'AUTORITÉ ! et l'autorité morale des pouvoirs de tous genres n'est-elle pas proportionnelle à leur respect pour les prescriptions de cet ordre ? Car ces pouvoirs ne sont point l'autorité, ils ne sont que les instruments plus ou moins rationnels de l'autorité divine, seule autorité morale, éternelle et absolue !

Après avoir fait éclore chaque planète dans un milieu où se trouvent les conditions de leur développement harmonique, le Créateur a fait éclore de même tous les règnes de la nature sur notre globe, chacun avec une fonction obligatoire; puis il y a fait naître l'Homme, comme son collaborateur, doué de raison et de liberté, pour placer sur notre planète chaque être individuel et collectif dans les mêmes conditions d'ordre ou de développement harmonique dont l'univers nous présente sans cesse le spectacle.

L'agriculteur et le jardinier compriment-ils l'essor des fruits et des fleurs, mutilent-ils les êtres confiés à leurs soins ou s'efforcent-ils de les faire épanouir dans toute l'intégralité de leur vie pour en faire recueillir plus de sucs alimentaires, plus d'aromes ou de belles couleurs ?

Agriculteurs et jardiniers du champ social où se développe la

plante qui porte des pensées pour produire des actions raison-
nables et fécondes, songeons à ce qu'exige la glorification de
Dieu, qui est la tâche de chacun dans toutes les situations.

La glorification de Dieu ne pouvant résulter, en tous lieux,
que de l'épanouissement des êtres préconçus dans le plan providentiel en vue de l'harmonie que se propose la justice éternelle, et la destinée de l'homme étant d'appliquer la raison et la
liberté à l'accomplissement, sur notre planète, de l'ordre qui régit
l'univers dans tout son ensemble par une loi fondamentale uni-
que et unitaire, tout droit public, tout pouvoir, toute institution
sociale, qui n'ont pas pour objet les conditions du développement harmonique et intégral de chaque peuple, de chaque
être individuel ou collectif, dans la société comme dans la
famille, ne seraient-ils pas en révolte contre l'ordre dicté par
Dieu même?

Un tel droit, écrit ou coutumier, ne pourrait-il pas être déclaré celui des révolutionnaires révoltés contre les lois de Dieu!...
Et les agitateurs des peuples, en vue de rentrer dans les conditions du développement de la vie sociale, ne seraient-ils pas les
conservateurs véritables et les défenseurs religieux de l'ordre
providentiel contre les pouvoirs égarés qui oseraient substituer
la domination de leurs intérêts particuliers au règne des lois
naturelles et divines qui régissent l'univers ?

Aussi longtemps que ces principes de l'ordre universel ne se-
ront pas introduits dans le droit public des nations civilisées,
l'esprit d'anarchie ne sera-t-il pas excité à s'accroître; l'orgueil
des raisons individuelles ne deviendra-t-il pas plus audacieux ;
le véritable sentiment religieux ne sera-t-il pas de plus en plus
remplacé par un formalisme funeste à la moralisation; enfin, le
dédain pour le principe d'autorité ne continuerait-il pas de suivre
sa progression ascendante, parce qu'en religion comme en politique le pouvoir serait privé de l'auréole attractive et irrésistible
de la loi de justice providentielle; par suite, tous les liens qui
font le bonheur de la famille, la confiance ou la prospérité du
commerce, l'ordre dans l'État, ne seraient-ils pas entraînés à
développer l'effroyable relâchement qui se manifeste partout
dans les mœurs ?

Conséquence fatale de l'absence, en haut comme en bas, d'une morale sanctionnée par les grands principes d'ordre universel, condition de l'*autorité morale* par laquelle seule les peuples civilisés peuvent être désormais gouvernés !

Au point de vue de la morale purement utilitaire, on peut ajouter que jusqu'à l'acceptation de ces principes de l'ordre universel par les chefs des États, IL NE PEUT y avoir ni paix, ni sécurité, ni prospérité pour personne, et encore bien moins pour les gouvernants et pour la richesse individuelle !

Nous devons répéter ici que le langage tenu dans ces derniers temps par les quatre grandes puissances à qui cette adresse est humblement soumise, déclare explicitement ou implicitement tout ce qui est énoncé plus haut.

> Le mot ordre signifie justice ou il n'est
> qu'un odieux mensonge.

En tout temps, LA RÉVOLUTION est partout où la justice fait défaut, où l'ordre providentiel est violé ; il en sera de plus en plus de même irrésistiblement. Mais ce qu'il importe aux gouvernants, c'est de distinguer *l'esprit de la révolution, de l'esprit révolutionnaire*, afin d'exercer eux-mêmes le premier pour combattre facilement ou efficacement le second.

La Révolution, c'est donc l'effort permanent des peuples pour obtenir la justice des gouvernements qui y font obstacle au lieu de la réaliser. La justice sociale assure toujours la liberté nécessaire à chacun pour son développement intégral ; tandis que la liberté sans la justice, laisse le peuple à la merci de la ruse ou de la force matérielle. — L'esprit actuel de la Révolution en Europe prend sa source en deux dates significatives : 1688 et 1789. — En se voyant méconnu, dédaigné, calomnié par les pouvoirs politiques et sacerdotaux, *l'esprit de la Révolution* s'est transformé chez un grand nombre, en *esprit révolutionnaire*.

Ce dernier est devenu l'orgueil et non pas l'exercice de la raison ; l'adversaire systématique de tout ordre sérieux ou hiérarchique, de tout pouvoir, de toute règle ; le propagateur d'un esprit de liberté divagante qui relâche tous les liens moraux indispensables à la vie sociale ; enfin, pour cet esprit révolutionnaire qui se propage de manière à inquiéter les intelligences vouées à l'œuvre sainte de la Révolution, les mots Dieu, Religion, Ordre, Morale, sont devenus synonymes d'oppression des consciences ou de la liberté individuelle.

Quelle terrible responsabilité pèse sur ceux qui ont déterminé un tel résultat chez des esprits dont l'égarement est d'une bonne foi d'autant plus réelle, qu'ils citent, pour motiver leur conduite, les doctrines et les actes de tant de princes, et spécialement de la cour de Rome.

La cause génératrice de *l'esprit révolutionnaire* est donc dans le caractère et l'action pratique d'un grand nombre de pouvoirs politiques et sacerdotaux. Et cependant si des princes souverains et des chefs de culte peuvent être reconnus comme révolutionnaires contre l'ordre divin ou naturel qu'ils ont charge de réaliser, tous les révolutionnaires ont raison contre eux devant Dieu et devant l'humanité, consciente de sa tâche providentielle !

Voilà ce qui nous semble devoir être l'objet des méditations de tous les grands monarques : car ces affirmations se répandent partout par les philosophies anti-théistes que des griefs trop réels ont engendrées ; et ces philosophies, s'introduisant dans la littérature, forment l'esprit public.

Voilà comment l'esprit de la Révolution, c'est l'esprit de Dieu luttant pour le triomphe de sa loi contre les révolutionnaires qui se substituent à l'ordre providentiel pour exploiter les peuples en vue d'intérêts dynastiques, au lieu de réaliser l'harmonie dont l'univers nous présente le modèle !

Chaque famille humaine, caractérisée et reliée par la même langue, la même littérature, le même caractère national, forme un peuple ou une nation appelée par l'ordre providentiel à se développer *dans son intégralité*, en vue de la tâche divine qui lui est assignée dans l'œuvre de l'humanité. L'ordre de justice, — le seul capable de dissiper tout esprit révolutionnaire, — ne peut être établi dans chaque nation qu'avec un gouvernement autochthone librement formé ou accepté par le peuple.

Puissent les princes, dont les intérêts dynastiques font obstacle aux lois éternelles de justice, au lieu d'en être le palladium ou l'application chez les peuples qu'ils gouvernent, puissent ces princes renoncer spontanément à leurs pouvoirs, selon les nobles déclarations des ducs de Saxe-Meningen et de Saxe-Cobourg-Gotha, dont les noms resteront à jamais illustrés par cette honorable et volontaire initiative de soumission aux lois de l'ordre universel en vue de l'unité allemande. Les princes qui ont cru pouvoir couvrir leurs intérêts dynastiques du nom d'*Etats secondaires* de l'Europe, cesseront de dire qu'ils ont des armées, des ambassadeurs, des liens divers à faire prendre en considération; car *s'il n'y a jamais eu de droits contre* LE DROIT, ni de prescription contre la loi de justice, selon l'expression de Bossuet lui-même, il y en aurait encore bien moins pour appuyer l'usurpation de tout acte de prince révolutionnaire contre l'ordre providentiel. N'est-il pas évident que la persis'ance de ces princes conduirait à des révolutions violentes qui seraient fatales à leur honneur et à leurs familles bien plus encore qu'à leurs peuples!

Le progrès social est donc d'ordre providentiel : il est la véritable glorification de Dieu par le travail de l'humanité. Le char du progrès social marche lentement; mais l'expérience des siècles ne nous apprend-elle pas qu'il renverse ou écrase les gouvernants incapables de se tenir dignement à ses côtés, lorsqu'ils n'ont pas su le conduire selon les lois de justice établies par Dieu même pour sa glorification?

Quoiqu'il y ait des libertés sacrées, desquelles toute moralité publique dépend, comme la liberté des cultes, nous ne viendrons pas dire ici aux souverains, même avec l'empereur Napoléon Ier à Sainte-Hélène (*Conseils à mon fils*) : « *Mon fils devra prévenir tous les désirs de liberté!...* » Mais nous redirons avec une ferme et respectueuse conviction : Monarques, daignez examiner quelle est la mission providentielle des pouvoirs, et peut-être ne douterez-vous plus qu'elle impose de PRÉVENIR TOUS LES DÉSIRS DE JUSTICE!... la justice assurant toute liberté rationnelle. Et la justice, vous l'avez d'ailleurs déjà déclaré souverains inspirés par l'équité, — la justice n'est point dans l'accomplissement des conventions où le plus fort s'est imposé au faible; elle est dans l'accomplissement des lois de l'équité divine (1)!

La tâche des pouvoirs est d'établir et de maintenir l'ordre par la justice en éclairant les peuples !

La colonisation étant devenue facile et universelle, pour ainsi dire, grâce à la vapeur, c'est à son égard qu'il importe de constituer aussi le droit public de la vraie civilisation, si l'on ne veut créer sur le globe cent foyers de troubles et de haines par des dominations oppressives. Espérons que la France donnera l'exemple en Algérie par la continuation active de l'œuvre commencée par le prince Napoléon.

Toutefois ce n'est pas sans étonnement qu'on entend répéter à quelques organes de la presse française qui proclament sans cesse notre DOMINATION algérienne : « Il n'y a réellement point de peuple arabe en Algérie. »

La parole suivante prononcée par le duc d'Aumale en janvier 1848, lorsqu'il était gouverneur de l'Algérie, mérite d'être répétée ici ; elle atteste que le devoir de la France envers le peuple arabe était compris par lui : « Ce qui me préoccupe, disait ce prince, c'est LA CONSTITUTION DU PEUPLE ARABE, et le moyen de faire coexister sans trouble sur le même sol l'indigène et le colon. »

Le brigandage, la piraterie et toutes les violations possibles du droit des gens ne peuvent autoriser l'asservissement d'une peuplade, mais seulement, après de justes réparations, l'emploi des moyens nécessaires pour les ramener au respect de la jus-

---

(1) Pour mon compte, il m'a toujours paru que l'un des actes les plus odieux consignés dans l'histoire de l'Europe était celui qui donnait Venise à l'Autriche (Lord John Russel, Parlement anglais, 5 juin 1859). — M. le comte de Montalembert, écrit de 1858, s'exprime à peu près dans les mêmes termes. — Et n'est-il pas évident en 1859, que la sécurité de l'Europe dépend de l'affranchissement de la Vénétie ?

tice internationale. Ramener ainsi une peuplade ou un peuple aux conditions de l'ordre social, ne donne aucun droit de le dominer au point d'effacer ses droits à développer son individualité comme nation; car ce serait agir envers Dieu comme celui qui dirait à un père : ton fils m'a volé, donc je le fais esclave.

Le droit de colonisation peut-il s'accomplir moralement s'il n'est l'exécution du devoir imposé au fort envers le faible par l'ordre universel? ce devoir ne reçoit-il pas une impulsion providentielle de la nécessité pour les nations civilisées de se mettre en rapport avec tous les peuples du globe? Le devoir de coloniser ne consiste point seulement à établir des échanges commerciaux. Le colonisateur est le missionnaire de la vraie civilisation. Ses obligations sont d'instruire le peuple barbare, de l'aider à se développer *par lui-même* selon le caractère tout spécial de civilisation que le sol, le climat, le naturel du peuple, assignent aux humains nés dans chaque contrée. Vouloir imposer à tous les peuples une même civilisation, serait renverser la loi d'ordre universel, qui ne réalise l'harmonie que par la variété infinie ralliée dans la grande unité.—Aussi, la première des obligations envers un peuple barbare, c'est d'y établir, dans la langue indigène, des cours publics de physique et de chimie appliquées à l'agriculture et aux arts manufacturiers; de géographie d'histoire et de morale universelles, ainsi que de cosmographie. — C'est en répandant de telles lumières qu'on développe chaque peuple selon sa nature et qu'on prépare des relations internationales d'une sécurité féconde en dissipant le fanatisme et la barbarie.

Si tel est le principe du droit de colonisation, toute négation des nationalités arabe, indienne et autres, toute opposition à l'ouverture du canal de Suez, œuvre si méritante de la civilisation, toute prétention de l'Autriche sur l'Italie, sont des actes de révolte contre l'ordre providentiel : c'est à l'équité des quatre grandes puissances qu'il appartient de les faire cesser.

La France garde un bon souvenir des vues équitables et
élevées, manifestées à l'égard du peuple français en 1814 et
1815 par l'empereur Alexandre. Elle voit avec bonheur le czar
qui règne aujourd'hui sur la Russie profiter de l'expérience d'é-
vénements antérieurs, se placer, par ses actes persévérants, au
premier rang parmi les monarques régénérateurs ; et, malgré les
plus grands obstacles, travailler efficacement à établir l'ordre
providentiel dans sa patrie et ailleurs encore.

L'Angleterre donne au monde l'heureux spectacle de la liberté
complète, pratiquée par un grand peuple sans trouble matériel :
elle ne tardera pas à comprendre que la justice seule renferme
la liberté ; que seule, elle peut garantir les droits de la liberté ;
et que la liberté, sans lois de justice, laisse les peuples à la merci
de l'audace des partis ou des individualités puissantes.

La Prusse, par sa judicieuse résistance aux pressions des
princes, dont les intérêts font obstacle à l'unité allemande, a
sauvé l'honneur de l'Allemagne , compromis en 1859 par de
bien tristes manifestations : plusieurs des déclarations de la
Prusse, au sujet de la guerre d'Italie, sont d'ailleurs une adhé-
sion aux principes de justice noblement exprimés par les gouvernements de France, de Russie et d'Angleterre.

Devant l'impuissance des chefs de la Révolution à organiser
et soutenir l'ordre de justice dans la nation française, deux
fois les Napoléon sont intervenus avec les éléments, les idées et
les systèmes qui leur sont propres ; deux fois, le peuple lassé
des tiraillements qui furent le résultat des prétentions des
sectes sociales, leur a confié le gouvernement pour établir une
législation équitable touchant la répartition des fruits du travail : cette législation est encore attendue.

Le Napoléonisme est fils de l'esprit de la Révolution et non
de l'esprit révolutionnaire ; il sera grand et invulnérable tant

qu'il réalisera sa mission. Mais s'il était possible que le Napoléonisme désertât l'esprit de la révolution , l'esprit de justice, comme plusieurs semblent l'inférer de l'acte de Villa-franca, il abdiquerait sa tâche providentielle et il renierait sa mère!... Il serait alors sans force et sans dignité devant les monarques comme devant les peuples.

L'initiative de la formation d'un nouveau droit public européen avait été prise par Napoléon Ier à Sainte Hélène, elle a été continuée par Napoléon III en 1859, dans une guerre accomplie aux seuls frais de la France pour le seul soutien du droit de Dieu dans les rapports des peuples, et malgré l'opposition d'une grande partie de l'Europe ! Faire continuer et accomplir cette œuvre par un congrès des grandes puissances, voilà ce qu'on attend du Napoléonisme, plus encore après la noble attitude et les actes virils du peuple italien !

Nous avons dit *grandes puissances*, car les gouvernements qui représentent une nation entière non mutilée, jouissant de l'action de son corps entier, ne sont-ils pas les seuls légitimes devant l'ordre universel, les seuls, conséquemment, qui puissent avoir droit au vote dans un tel congrès? Les autres gouvernements pourraient-ils y représenter la justice, puisqu'ils représentent des intérêts opposés à l'ordre providentiel?

L'Empereur Napoléon III ne peut tarder de reconnaître que ses condescendances pour la cour de Rome deviennent des obstacles réels à l'accomplissement de sa destinée. Elles sont un grave sujet d'inquiétude pour les esprits sérieux et impartiaux appelés dans tous les temps à pressentir, au moins, ce que l'on peut résumer par ces mots : Tout principe mis en action a ses conséquences inexorables! L'opinion de Napoléon Ier sur la cour de Rome et sur l'esprit funeste qu'elle entretient dans le clergé, pourrait-elle être oubliée en 1859, après tant de preuves que cet esprit n'a fait qu'empirer ? Et cependant nous voyons partout les anciens couvents se rouvrir ! et l'influence d'un tel clergé diriger l'enseignement primaire !...

La cour de Rome s'étant montrée systématiquement hostile depuis si longtemps à tous les principes de l'ordre réalisé par la justice providentielle, et cela en soutenant même et en bénissant solennellement les pouvoirs oppresseurs, la cour de Rome ayan même osé parler d'excommunication au sujet des héroïques efforts qui ont pour objet l'établissement de l'ordre fondé sur la justice en Italie : Honneur aux princes, honneur aux peuples assez religieux pour encourir les reproches, les menaces de la cour de Rome et surtout ses excommunications anti-chrétiennes ! Ne seraient-elles pas, d'ailleurs, le dernier coup fatalement porté désormais au pouvoir spirituel même de la papauté, si l'abandon spontané de tout son pouvoir temporel, n'apportait des appuis bienveillants au siége pontifical qui ne peut plus être reconnu pour celui de Pierre répétant à tous les chefs de l'Église : « *Paissez le troupeau de Dieu sans le dominer et par une vertu qui naisse du fond du cœur !* » — Saint Pierre, ép. I, chap. V, v. 2, 3, 4.

On ne peut plus le méconnaître, tout ce que l'esprit révolutionnaire a de plus déplorable en philosophie comme en politique, n'est qu'une réaction contre les doctrines de la cour de Rome dont l'influence devient ainsi le trouble du monde ! N'est-il donc pas temps de faire cesser une telle cause ?...

Et n'est-ce pas l'Autriche qui l'entretient et l'excite ? L'Autriche si radicalement appréciée par le comte de Maistre lui-même, qui la qualifierait aujourd'hui bien plus durement encore. L'Autriche ne semble-t-elle pas être devenue une lieutenance de la cour de Rome.

La stabilité de l'ordre dépend toujours
du règne de la justice.

Les hommes qui ont travaillé dans les hautes régions du pouvoir, savent quels sont les entraînements de situation parfois irrésistibles que subissent les monarques et même leurs ministres, pendant qu'on attribue à tort les maux publics à leur mobiles personnels ou à leurs intentions.

L'amour du bien *pour tous* est dans l'âme des grands souverains comme dans celle des plus sages philosophes : il ne manque parfois aux premiers que d'accorder plus d'attention à des paroles sincères qui ne viennent pas de leur entourage.

La révolution morale et sérieuse procède, comme la nature, par les transformations graduelles qui sont au bénéfice de *tous* : elle veut les moyens pacifiques, les seuls puissants à fonder ce qui reste inébranlable. Elle voudrait un congrès permanent constitué pour faire appliquer *les principes de l'ordre universel* et pour prononcer sur tous les différends des peuples !

L'esprit de la Révolution étant l'esprit de justice, il est chez les hommes qui semblent le plus dévoués au parti conservateur. Il est dans les administrations les plus surveillées, il est dans l'intelligence des publicistes qui le combattent le plus systématiquement ; il est dans l'enceinte des palais des rois, siégeant sur les marches des trônes ; il est dans la conscience de tous les prêtres qui usent de leur raison et qui, comme les **PP.** Lacordaire et Félix s'évertuent vainement à dissimuler leur trouble dans un tissu de contradictions de plus en plus étranges ; il est surtout dans la pensée des grands monarques devenus pontifes de l'ordre providentiel.

Souverains et Souveraine, qui avez la volonté de faire cesser cet état de trouble, source des maux de tous, le temps est venu d'opter entre l'initiative de l'ordre moral européen ou la décadence sociale qu'entraîne l'agitation de l'esprit révolutionnaire contre les différents pouvoirs. Que les immenses plateaux de l'Asie, aujourd'hui déserts, et sur lesquels régna une brillante civilisation, ne soient pas sans enseignements pour notre siècle.

Souverains et Souveraine, faites que l'ordre s'établisse partout sur les principes de justice sociale dictés par l'ordre providentiel et aussitôt le sentiment de la règle, de la hiérarchie, du respect de l'autorité et de la morale, agira dans toutes les consciences : le vrai sentiment religieux sera ranimé.

Vous ne le méconnaîtrez pas, Monarques, arbitres de l'Europe, ce langage est un des témoignages de confiance les plus respectueux qui puissent jamais être donnés à vos Majestés ! Ce langage, c'est l'esprit religieux, l'esprit de la hiérarchie naturelle tracée par la Providence, c'est l'esprit du devoir ou de l'ordre réalisé par la justice qui l'inspire : à vous, aujourd'hui,

Monarques puissants, la possibilité d'établir cet ordre pour la gloire suprême de vos couronnes et en réfutation des buts divers attribués à plusieurs gouvernements. Vos paroles et nombre de vos décisions souveraines, n'attestent-elles pas que vous avez résolu d'être proclamés par l'Europe les vrais Monarques régénérateurs.

Puisse donc, le présent acte civique, qui en renouvelle un autre accompli *en janvier 1848* (1), près de la monarchie de juillet, ne pas être ici, comme alors, le *Manè Thécel Pharès* d'une situation pleine de périls que la justice providentielle seule peut conjurer!

Telles sont, très-augustes Souverains et Souveraine, les réflexions qu'un citoyen de l'Europe a cru devoir soumettre humblement à vos Majestés, au nom d'un très-grand nombre, comme un témoignage solennel de leurs alarmes, et redisons-le, de la confiance la plus entière et la plus respectueuse en l'esprit de justice qui anime vos consciences royales.

(1) LES CONSERVATEURS ET LES RÉFORMISTES, 1 vol. in-8°, qui devait être dédié à M. Guizot, s'il l'avait permis.

LIBRAIRIE DE LA VIE MORALE.

PARIS, 5, RUE DE LA BANQUE.

Cette Librairie se propose de rallier les auteurs qui veulent, dans tous les genres de littérature, depuis le plus comique jusqu'au plus sérieux, pratiquer les devoirs sociaux de l'éditeur et du publiciste; s'abstenir d'exploiter les tendances dangereuses de la nature humaine ou les côtés faibles de chaque caractère national ; en un mot ne se proposer jamais que l'épanouissement harmonique de la vie en associant un progrès moral à tout exercice et à tout divertissement de l'esprit ou du corps.

Philosophie du dix-neuvième siècle, étude encyclopédique sur le monde et l'humanité. — 1 vol. de plus de 900 pages in-18, par le docteur Guépin, de Nantes. 6 fr.

Éducation simplifiée et perfectionnée, organisation pratique des colléges pour l'enseignement secondaire, par une méthode des plus économiques avec quatre professeurs seulement, par M. Alphonse Petit, ancien principal, brochure. 50 cent.
Cette méthode a été appliquée avec succès et a reçu l'approbation de plusieurs inspecteurs de l'Université.

Du principe de nationalité — l'ITALIE — par Ch. Fauvety, ex-directeur de la *Revue philosophique religieuse*, broch. gr.-jésus. 1 fr.
La théorie scientifique du principe de nationalité est complètement traitée dans cette brochure.

La Prière par un philosophe chrétien, auteur M. Lamarche. 50. c.

Nouvelle organographie du crâne humain ou la Céphalométrie, Phrénologie simplifiée, rectifiée et appliquée à l'éducation, par Armand Harembert. 2 fr.

LA VIE HUMAINE

Journal-revue mensuel formant une encyclopédie de la morale scientifique et pratique d'après les principes de la Religion universelle et positive et les moyens du gouvernement de soi-même. Cinquième année. — France, un an, 7 fr. 50 ; extérieur, 8 fr. 50, avec la chronique spéciale. — Chaque volume broché d'une année, 6 fr., sans la chronique. Les articles sont reliés par une table de concordance. Les quatre premiers volumes sont en vente. Le cinquième est en cours de publication.

LA SCIENCE DES MÈRES

Ou du développement harmonique de l'enfance et de la jeunesse par l'étude de la nature et l'application des *Jardins d'Enfants*, journal mensuel.—France, un an 7 fr. 50 ; extérieur, 8 fr. 50.

PROVIDENTIALISME, science générale, révélation DIRECTE par les lois vives constitutives de la vie ou de l'ordre universel, 1 vol. in-8 3 50

TRAITÉ DES DEVOIRS DE L'HOMME ET DU CITOYEN, ou traité des devoirs, qui sont en rapports avec tous les droits exercés, 1 vol. in-8° 3 fr.

LES CONSERVATEURS ET LES RÉFORMISTES, 1 vol. in-8°. 5 fr.

MANIFESTATION CATHOLIQUE et rationalisme chrétien, 1 vol. in 48 3 50

L'ESPRIT CHRÉTIEN ET L'ESPRIT SECTAIRE au XIX° siècle. 50 c.

LE GOUVERNEMENT DE SOI-MÊME en tableau, formulaire général pour aider chacun à tracer sa règle de conduite ou sa loi morale. 50 c.